AF590384

28 janvier 1886

P. N

CATALOGUE

(N° 51)

D'UNE MAGNIFIQUE COLLECTION

D'EAUX-FORTES MODERNES

PAR MM.

ADEL[illegible] — BOILVIN — BRACQUEMOND
BRUNET-DEBAINES — CHAMPOLLION — CHAUVEL
COURTRY — DELAUNEY — FLAMENG
GAILLARD — L. GAUTIER — CHARLES JACQUE — KŒPPING
LA GUILLERMIE — LALAUZE — L. LE COUTEUX
ARM. MATHEY — RAJON — SEYMOUR-HADEN
TISSOT — WALTNER, ETC.

EN

Épreuves de Remarque et d'Artiste

Sur parchemin et sur Japon

DONT LA VENTE AURA LIEU

HOTEL DES COMMISSAIRES-PRISEURS

RUE DROUOT, N° 9, SALLE N° 4

Le ~~Mercredi~~ 28 Janvier 1886

A DEUX HEURES PRÉCISES

Par le Ministère de Me MAURICE DELESTRE, commissaire-priseur,
rue Drouot, n° 27.

Assisté de M. DUPONT aîné, marchand d'Estampes,
rue de Seine, n° 21.

PARIS — 1886

AUFRAY DE ROC BHIAN

6 — *Le Daguet aux écoutes.*

Épreuve d'artiste sur papier du Japon.

BEAUVERIE

7 — *Les Chevriers*, d'après Corot.

Épreuve d'artiste sur papier du Japon. Signée.

BOILVIN (E.)

8 — *Les Bibliophiles*, d'après Fortuny.

Épreuve de remarque sur papier du Japon. Signée.

BORREL (M.)

9 — *Le Traîneau*, d'après Boucher.

Épreuve de remarque sur papier du Japon. Signée.

BOULARD (Fils)

10 — *Mon ancien régiment*, d'après Ed. Detaille.

Épreuve d'artiste sur parchemin. Signée.

28 janvier 1886 P.N

CATALOGUE (N° 51)

D'UNE MAGNIFIQUE COLLECTION

D'EAUX-FORTES MODERNES

PAR MM.

ADEL[illegible] — BOILVIN — BRACQUEMOND
BRUNET-DEBAINES — CHAMPOLLION — CHAUVEL
COURTRY — DELAUNEY — FLAMENG
GAILLARD — L. GAUTIER — CHARLES JACQUE — KŒPPING
LA GUILLERMIE — LALAUZE — L. LE COUTEUX
ARM. MATHEY — RAJON — SEYMOUR-HADEN
TISSOT — WALTNER, ETC.

EN

Épreuves de Remarque et d'Artiste

Sur parchemin et sur Japon

DONT LA VENTE AURA LIEU

HOTEL DES COMMISSAIRES-PRISEURS

RUE DROUOT, N° 9, SALLE N° 4

Le ~~Mercredi~~ 28 Janvier 1886

A DEUX HEURES PRÉCISES

Par le Ministère de Me MAURICE DELESTRE, commissaire-priseur,
rue Drouot, n° 27.

Assisté de M. DUPONT aîné, marchand d'Estampes,
rue de Seine, n° 21.

PARIS — 1886

PARIS. — IMPRIMERIE DE L'ART

E. MÉNARD ET J. AUGRY, 41, RUE DE LA VICTOIRE

28 Janvier 1886

CONDITIONS DE LA VENTE

Elle sera faite au comptant.

Les acquéreurs paieront *cinq pour cent* en sus des enchères, applicables aux frais.

L'ordre du catalogue sera suivi.

Toutes les épreuves de cette collection étant de la plus grande fraîcheur, il n'y aura pas d'exposition publique dans la crainte que quelques-unes ne soient détériorées.

Messieurs les Amateurs pourront les visiter chez M. Dupont aîné, marchand d'estampes, rue de Seine, n° 21, jusqu'au mardi 26 janvier, de une heure à six heures.

DÉSIGNATION

ADELINE (J.)

1 — *Église Saint-Ouen*, à Rouen.

Épreuve d'artiste sur papier de Hollande. Signée.

2 — *Le Clocher de Saint-Maclou et la rue des Bonnetiers*, à Rouen.

Épreuve d'artiste sur papier de Hollande. Signée.

3 — *La Cathédrale de Rouen*, vue de l'escalier des halles.

Épreuve avant la lettre sur papier de Chine.

4 — *Palais de Justice de Rouen*, au XVIe siècle.

Épreuve sur papier de Chine.

5 — *Plan de Rouen*, 1655. Suite de six planches, d'après Jacques Gomboust.

Exemplaire sur papier de Hollande.

AUFRAY DE ROC BHIAN

6 — *Le Daguet aux écoutes.*

Épreuve d'artiste sur papier du Japon.

BEAUVERIE

7 — *Les Chevriers*, d'après Corot.

Épreuve d'artiste sur papier du Japon. Signée.

BOILVIN (E.)

8 — *Les Bibliophiles*, d'après Fortuny.

Épreuve de remarque sur papier du Japon. Signée.

BORREL (M.)

9 — *Le Traîneau*, d'après Boucher.

Épreuve de remarque sur papier du Japon. Signée.

BOULARD (Fils)

10 — *Mon ancien régiment*, d'après Ed. Detaille.

Épreuve d'artiste sur parchemin. Signée.

BRACQUEMOND

11 — *Boissy d'Anglas présidant la Convention,* le 1er prairial an III, d'après Eug. Delacroix.

Épreuve de remarque sur Japon. Signée.

12 — *M. Edmond de Goncourt*, d'après nature, in-fol.

Épreuve d'artiste sur papier du Japon. Signée.

13 — *Le Haut d'un battant de porte.*

Épreuve d'artiste sur papier du Japon.

14 — *Le Vieux Cop.*

Épreuve d'artiste sur papier du Japon. Signée.

15 — *Labor*, d'après J. F. Millet.

Épreuve d'artiste sur papier du Japon. Signée.

16 — *Le Soir*, d'après Th. Rousseau.

Épreuve d'artiste sur papier du Japon. Avec le bon à tirer signé du graveur.

17 — *David*, d'après Gustave Moreau.

Épreuve d'artiste sur parchemin. Signée.

BRUNET-DEBAINES

18 — « *The Burial of Wilkie* », d'après Turner.

Épreuve d'artiste sur papier du Japon. Signée.

19 — « *Fingale's cave* », d'après Johnson.

Épreuve d'artiste sur papier du Japon. Signée.

20 — *Le Moulin*, d'après Constable.

Épreuve de remarque sur parchemin. Signée.

21 — *Le Chariot*, d'après Constable.

Épreuve d'artiste sur papier du Japon. Signée.

22 — *Pastorale*, d'après Corot.

Épreuve d'artiste snr papier du Japon. Signée.

23 — *Idylle*, d'après Français.

Épreuve avant toutes lettres.

BUHOT (F.)

24 — *La Place Bréda*, en 1878.

Épreuve d'artiste avec des croquis dans les marges, sur papier du Japon.

BUHOT (F.)

25 — *Japonisme ;* collection de dix eaux-fortes.

Épreuves d'artiste sur papier du Japon.

BURTON BARBER

26 — « *A Mute appeal* ».

Gravure sur papier blanc.

CALAMATTA

27 — *La Source*, d'après Ingres.

Épreuve d'artiste sur papier de Chine.

CARRÉ (J.)

28 — *Le Chanteur de ballades*, d'après Brozik.

Épreuve de remarque sur papier du Japon. Signée.

CHAIGNEAU (F.)

29 — *Le Vieux Berger*.

Épreuve de remarque sur parchemin. Signée.

CHAMPOLLION (E.)

30 — *Le Menuet*, d'après E. Jacquet.

Épreuve d'artiste sur papier du Japon. Signée.

31 — *L'Embarquement pour l'île de Cythère*, d'après Watteau.

Épreuve d'artiste sur papier du Japon.

CHAUVEL (Th.)

32 — *Le Lac*, d'après Corot.

Épreuve d'artiste sur papier du Japon. Signée.

33 — *La Saulaie*, d'après Corot.

Épreuve d'artiste sur papier du Japon. Signée.

34 — *Ville-d'Avray*, d'après Corot.

Épreuve d'artiste sur papier du Japon. Signée.

35 — *Solitude*, d'après Ch. Daubigny.

Épreuve d'artiste sur Japon. Signée.

36 — *Le Batelier*, d'après Corot.

Épreuve d'artiste sur papier du Japon. Signée.

CHAUVEL (TH.)

37 — *L'Orage*, d'après Diaz.

Épreuve d'artiste sur papier du Japon. Signée.

38 — *Le Nid de l'aigle*, d'après Th. Rousseau.

Épreuve d'artiste sur papier du Japon. Signée.

CHURCH (F. S.)

39 — *Les Oiseaux de proie.*

Épreuve d'artiste sur papier du Japon. Signée.

COURTRY (CH.)

40 — *La Visite au bébé*, d'après Munkacsy.

Épreuve de remarque sur papier du Japon. Signée.

41 — *Le Berger*, d'après Julien Dupré.

Épreuve de remarque sur parchemin. Signée.

42 — *Au bord de la mer*, d'après Corcos.

Épreuve de remarque sur parchemin. Signée.

43 — *La Mare aux vaches*, d'après Van Marcke.

Épreuve d'artiste sur papier du Japon.

COUTIL (Léon.)

44 — *La Fin de la journée*, d'après J. F. Millet.

Épreuve de remarque sur parchemin. Signée.

DAMMAN

45 — *Les Glaneuses*, d'après J. F. Millet.

Épreuve d'artiste sur papier du Japon. Signée.

DAUMONT (E.)

46 — *Le Soir*, d'après J. Dupré.

Épreuve de remarque sur papier du Japon.

DAUTREY (L.)

47 — *La Glaneuse*, d'après Jules Breton.

Épreuve de remarque sur parchemin. Signée.

DELAUNEY

48 — *Notre-Dame de Paris.*

Épreuve de remarque avant le nom du graveur. Signée.

DELAUNEY

49 — *Abside de Notre-Dame de Paris.*

Épreuve du premier état, avant le nom de l'auteur. Signée.

50 — *La Cathédrale de Rouen ;* effet de nuit.

Épreuve de remarque sur parchemin. Signée.

51 — *L'Abbaye de Westminster.*

Épreuve de remarque sur papier whatman. Signée.

DELDUC

52 — *L'Écrivain public*, d'après J. Aranda.

Épreuve de remarque sur papier du Japon. Signée.

DE MARE (T.)

53 — *Angoisses*, d'après Schenck.

Épreuve de remarque sur papier du Japon. Signée.

DESBROSSES

54 — *Les Baigneuses du Tyrol*, d'après Corot.

Épreuve de remarque sur parchemin. Signée.

DESBROSSES

55 — *La Mare aux vaches.*

Épreuve d'artiste sur parchemin. Signée.

56 — *Le Vieux pont.*

Épreuve d'artiste sur parchemin. Signée.

DUPONT (F.)

57 — *Poésie.*

Épreuve d'artiste sur parchemin. Signée.

FANTIN (H.)

58 — *L'Enfance du Christ.*

Épreuve d'artiste sur papier de Chine. Signée.

59 — *Le Paradis et la Paix.*

Épreuve d'artiste sur papier de Chine. Signée.

60 — *Musique et poésie.*

Épreuve d'artiste sur Chine. Signée.

61 — *Parsifal.*

Épreuve d'artiste sur papier du Japon. Signée.

FLAMENG (Léop.)

62 — *La Pièce aux cent florins*, d'après Rembrandt.

Épreuve d'artiste sur parchemin.

63 — *La Ronde de Nuit*, d'après Rembrandt.

Épreuve d'artiste sur parchemin.

64 — *Les Accordailles*, d'après Mosler.

Épreuve d'artiste sur papier du Japon. Signée.

65 — *Rembrandt Van-Ryn.*

Épreuve d'artiste sur papier de Hollande.

66 — *Paris qui s'en va et Paris qui s'en vient.* Suite de vingt-huit pièces.

Épreuves sur papier de Hollande.

FOCILLON

67 — *Cour de ferme*, d'après J. F. Millet.

Épreuve de remarque sur parchemin. Signée.

FOREL

68 — *Vue de Paris*, prise du quai du Louvre.

Épreuve d'artiste sur papier du Japon. Signée.

FOREL

69 — *Vue de Paris*, prise du quai de la Tournelle.

Épreuve d'artiste sur papier du Japon. Signée.

FRAIPONT (G.)

70 — *Les Promesses*, d'après Vinea.

Épreuve de remarque sur papier du Japon. Signée.

FULLWOOD (John)

71 — « *The Hour of rest.* »

Épreuve de remarque sur papier du Japon. Signée.

72 — « *The Days of harvest.* »

Épreuve de remarque sur papier du Japon. Signée.

73 — « *The Hush of night.* »

Épreuve de remarque sur papier du Japon. Signée.

74 — « *The Last of september.* »

Épreuve de remarque sur papier du Japon. Signée.

GAILLARD (F.)

75 — *L'Homme à l'œillet*, d'après Van Eyck.

Épreuve avant la lettre sur papier de Chine.

76 — *Les Disciples d'Emmaüs*, d'après Rembrandt.

Épreuve avant la lettre sur Chine. Signée.

GAUJEAN

77 — *L'Enfant aux cerises*, d'après John Russell.

Épreuve de remarque sur papier du Japon. Signée.

GAUTIER (Lucien)

78 — *Le Canal*, d'après Corot.

Épreuves d'artiste sur parchemin. Signée.

79 — *La Chaumière*, d'après Corot.

Épreuve d'artiste sur parchemin. Signée.

80 — *L'Abside de Notre-Dame de Paris.*

Épreuve de remarque sur parchemin. Signée.

81 — *L'Abside de Notre-Dame de Paris ;* effet de neige.

Épreuve d'artiste sur parchemin. Signée.

GAUTIER (Lucien)

82 — *Vue du château de Windsor.*

Épreuve de remarque sur parchemin. Signée.

83 — *Le Château Saint-Ange*, à Rome.

Épreuve de remarque sur papier du Japon. Signée.

84 — *Le Forum.*

Épreuve de remarque sur papier du Japon. Signée.

GŒNEUTTE (Norbert)

85 — *Sur la plage.*

Épreuve d'artiste sur papier du Japon. Signée.

86 — *Réflexion.*

Épreuve d'artiste sur papier du Japon. Signée.

87 — *Départ pour la promenade.*

Épreuve d'artiste sur papier du Japon. Signée.

GREUX (G.)

88 — *Les Premiers Pas*, d'après J. F. Millet.

Épreuve de remarque sur papier de Hollande avec le bon à tirer signé du graveur.

GREUX (G.)

89 — ***Intérieur de l'église Saint-Étienne-du-Mont.***

Épreuve d'artiste sur papier du Japon. Signée.

GUÉRARD

90 — *Tête de négresse.*

Épreuve d'artiste tirée sur vieux papier. Signée.

JACQUE (Ch.)

91 — *Pastorale.*

Épreuve d'artiste sur papier de Hollande. Signée.

92 — *Intérieur d'une bergerie.*

Épreuve d'artiste sur papier de Hollande. Signée.

JACQUE (Ch.)

93 — *Paysage.*

Épreuve avant la lettre sur papier de Chine. Signée.

JACQUET (A.)

94 — *Ophélie*, d'après Cabanel.

Épreuve de remarque sur papier du Japon. Signée.

JACQUET (Jules)

95 — *1814*, d'après Meissonnier.

Épreuve d'artiste sur parchemin. Signée.

JASINSKI

96 — *La Bête à bon Dieu*, d'après Stevens.

Épreuve d'artiste sur parchemin. Signée.

KŒPPING (Ch.)

97 — *Froufrou*, d'après Clairin.

Épreuve d'artiste sur papier du Japon. Signée.

98 — *Porte de chaumière*, d'après Gainsborough.

Épreuve d'artiste sur papier du Japon. Signée.

99 — *La Charrette*, d'après Gainsborough.

Épreuve d'artiste sur papier du Japon. Signée.

KŒPPING (Ch.)

100 — *Le Matin*, d'après Jules Breton.

Épreuve de remarque sur papier du Japon. Signée.

101 — *Le Mont-de-Piété*, d'après Munkacsy.

Épreuve de remarque sur papier du Japon. Signée.

102 — *Les Rodeurs de nuit*, d'après Munkacsy.

Épreuve avec remarque, sur papier du Japon. Signée.

103 — *Un Enterrement.*

Épreuve d'artiste sur papier du Japon.

KRATRÉ (L.)

104 — *Le Chasseur,* d'après Th. Rousseau.

Épreuve d'artiste sur parchemin. Signée.

105 — *La Mare*, d'après Th. Rousseau.

Épreuve d'artiste sur papier du Japon. Signée.

LAGUILLERMIE

106 — *La Mort du général Marceau,* d'après J. Paul Laurens.

Épreuve avant toutes lettres sur papier du Japon.

LAGUILLERMIE

107 — *Les Deux Familles*, d'après Munkacsy.

Épreuve de remarque sur papier du Japon. Signée.

108 — *La Fête de la grand'mère*, d'après Brozik.

Épreuve de remarque sur papier du Japon. Signée.

LALAUZE (Ad.)

109 — *L'Entrée de Charles-Quint à Anvers*, d'après Makart.

Épreuve d'artiste sur papier van Gelder.

110 — *Le Petit Monde*, collection de dix sujets.

Épreuves avant la lettre sur papier du Japon.

LE COUTEUX (Lionel)

111 — *Le Fauconnier*, d'après Fromentin.

Épreuve d'artiste sur papier du Japon. Signée.

112 — *Le Départ pour la Fantasia*, d'après H. Regnault.

Épreuve d'artiste sur papier du Japon. Signée.

113 — *Les Botteleurs*, d'après G. F. Millet.

Épreuve d'artiste sur parchemin. Signée.

LE COUTEUX (Lionel)

114 — *La Vache*, d'après Julien Dupré.

Épreuve de remarque sur parchemin. Signée.

115 — *La Barque de Don Juan*, d'après Eug. Delacroix.

Épreuve d'artiste sur parchemin. Signée.

LEFMAN (F.)

116 — *Les Vendanges*, d'après Daubigny.

Épreuve d'artiste sur papier du Japon.

LELOIR (Louis.)

117 — *Un Raffiné.*

Épreuve d'artiste sur papier de Hollande.

LEYS

118 — *L'Imprimeur Plantin.*

Épreuve d'artiste tirée sur papier ancien.

LHERMITTE (L.)

119 — *Cathédrale de Rouen.*

Épreuve d'artiste sur papier Whatman. Signée.

LUNOIS (Alex.)

120 — *La Salle Graffard*, d'après Jean Béraud.

Épreuve d'artiste sur papier du Japon. Signée.

121 — *La Solde des Moissonneurs*, d'après Lhermitte.

Épreuve d'artiste. Signée.

122 — *La Barque*, d'après Ulysse Butin.

Épreuve de remarque sur papier du Japon. Signée.

MANET

123 — *Polichinelle*.

Épreuve imprimée en couleur.

MARTIAL (N. P.)

124 — *Les Cancalaises*, d'après Feyen-Perrin.

Épreuve de remarque sur papier du Japon. Signée.

MASSARD (Léop.)

125 — *M. Thiers*, d'après Bonnat.

Epreuve d'artiste sur parchemin.

MASSON (A.)

126 — *Le Retour des champs*, d'après César Pattein.

Épreuve de remarque sur parchemin. Signée.

MATHEY (Armand)

127 — *Le Rédempteur*, d'après Munkacsy.

Épreuve de remarque sur papier du Japon. Signée.

128 — *Les Enfants de Charles Ier*, d'après Van Dyck.

Épreuve d'artiste sur parchemin. Signée.

129 — *Rodolphe II chez son alchimiste*, d'après Brozik.

Épreuve de remarque sur papier du Japon. Signée.

130 — *Le Héros de village*, d'après Munkacsy.

Épreuve de remarque sur papier du Japon. Signée.

131 — *Le Dernier Jour d'nn condamné*, d'après Munkacsy.

Épreuve de remarque sur papier du Japon.

MEISSONIER

132 — *Polichinelle.*

Épreuve d'artiste sur grand papier.

MITCHELL (J. A.)

133 — *Vue du Nouvel Opéra.*

Épreuve d'artiste sur papier de Hollande.

MONGIN (A.)

134 — *Passage du Nord-Ouest*, d'après Millais.

Épreuve de remarque sur papier du Japon. Signée.

135 — *Un Schisme*, d'après Vibert.

Épreuve d'artiste sur Chine. Signée.

NICOLLE (E.)

136 — *Vieux Rouen.* Dix croquis dessinés d'après nature.

Épreuves avant la lettre sur papier de Hollande.

137 — *Vieux Rouen*, deuxième livraison. Dix croquis dessinés d'après nature en 1880.

Épreuves d'artiste sur papier de Hollande. Signées.

PARRICH (Stephen)

138 — « *Fishermen's houses* », cape ann.

Épreuve d'artiste sur papier Whatman.

PENET (L.)

139 — *Dante et Mathilde*, d'après Albert Maigne.

Épreuve de remarque sur parchemin. Signée.

PIGUET (R.)

140 — *La Pierrette*, d'après Clairin.

Épreuve de remarque sur papier du Japon. Signée.

141 — *Minet*, d'après Tofano.

Épreuve de remarque sur Japon. Signée.

142 — *Baby*.

Épreuve d'artiste sur papier du Japon. Signée.

RAJON (F.)

143 — *Le Cardinal Manning*.

Épreuve de remarque sur papier du Japon. Signée.

144 — *D. Pochin*, esq., d'après W. Ouless.

Épreuve d'artiste sur papier de Hollande. Signée.

145 — *Le Liseur*, d'après Meissonier.

Épreuve d'artiste, tirée sur papier ancien.

RAJON (F.)

146 — *Le Peintre*, d'après Meissonier.

Épreuve d'artiste sur papier de Chine.

147 — *Fumeur flamand*, d'après Meissonier.

Épreuve d'artiste sur papier du Japon.

ROCHEBRUNE (DE)

148 — *Le Palais de Justice de Rouen.*

Épreuve d'artiste sur papier de Hollande.

RUET (L.)

149 — *L'Atelier de Boucher*, d'après Maurice Leloir.

Épreuve de remarque sur parchemin. Signée.

SALMON (E.)

150 — *La Réprimande*, d'après Vibert.

Épreuve de remarque sur parchemin. Signée.

151 — *L'Anniversaire*, d'après Émile Adan.

Épreuve d'artiste sur Japon. Signée.

SCHENNIS (DE)

152 — *Le Clair de lune.*

Épreuve de remarque sur papier du Japon. Signée.

153 — *Le Crépuscule.*

Épreuve de remarque sur papier du Japon. Signée.

SEYMOUR-HADEN

154 — *Vue de Greenwich.*

Épreuve d'artiste sur papier Whatman. Signée. Provenant de la collection Monnerot.

155 — *Vue de Windsor.*

Épreuve d'artiste sur papier Whatman. Signée. Provenant de la collection Monnerot.

SOMM (H.)

156 — *Japonisme.*

Épreuve d'artiste sur papier du Japon. Signée.

THORNLEY (G. W.)

157 — *Réunion d'artistes,* d'après Velazquez.

Épreuve d'artiste sur papier de Chine. Signée.

THORNLEY (G. W.)

158 — *Le Derby à Epsom*, d'après Géricault.

Épreuve de remarque sur Japon. Signée.

TISSOT (J.)

159 — *Dimanche matin.*

Épreuve d'artiste tirée sur papier ancien. Signée.

160 — *La Frileuse.*

Épreuve d'artiste tirée sur papier ancien. Signée.

161 — *Le Hamac.*

Épreuve d'artiste tirée sur papier ancien. Signée.

162 — *L'Été.*

Épreuve d'artiste tirée sur papier ancien. Signée.

163 — *Soir d'été.*

Épreuve d'artiste tirée sur papier ancien. Signée.

164 — *Matinée de printemps.*

Épreuve d'artiste sur papier Whatman. Signée.

165 — *Octobre.*

Épreuve d'artiste sur papier de Hollande. Signée.

TISSOT (J.)

166 — *Dans le jardin.*

Épreuve d'artiste imprimée sur bristol. Signée.

167 — *Une Histoire ennuyeuse.*

Épreuve d'artiste sur papier du Japon. Signée.

168 — « *Winter Walk.* »

Épreuve d'artiste sur papier ancien. Signée.

169 — *A bord du « Calcutta ».*

Épreuve d'artiste sur papier de Hollande. Signée.

170 — *Sur la Tamise.*

Épreuve d'artiste sur papier de Hollande. Signée.

171 — *Entre les deux mon cœur balance.*

Épreuve d'artiste tirée sur papier ancien. Signée.

172 — *Les Deux Amis.*

Épreuve d'artiste sur papier Whatman. Signée.

173 — *La Parabole de l'Enfant prodigue.* Suite de quatre pièces.

Très belles épreuves d'artiste sur papier Whatman. Signées. Avec la couverture.

TISSOT (J.)

174 — *La Première Culotte.*

Épreuve d'artiste sur papier ancien. Signée.

175 — *Souvenirs du siège.* Sylvain Périer.

Épreuve d'artiste tirée sur papier ancien. Avec dédicace signée.

176 — *Souvenirs du siège.* Bastien Pradal.

Épreuve d'artiste tirée sur papier ancien. Avec dédicace signée.

WALTNER (Ch.)

177 — *L'Angélus*, d'après J. F. Millet.

Épreuve d'artiste sur papier du Japon. Signée.

178 — *Le Doreur*, d'après Rembrandt.

Épreuve d'artiste sur parchemin. Signée.

179 — *Le Carist devant Pilate*, d'après Munkacsy.

Épreuve de remarque sur papier du Japon. Signée.

180 — *Rembrandt Van Ryn.*

Épreuve d'artiste sur papier du Japon. Signée par l'éditeur.

WALTNER (Ch.)

181 — *Lady Camden*, d'après Reynolds.

Épreuve d'artiste sur papier du Japon. Signée par l'éditeur.

182 — *Le Rabbin*, d'après Rembrandt.

Épreuve d'artiste sur parchemin. Signée.

183 — *Mme Dacy*, d'après Rembrandt.

Épreuve d'essai avant toutes lettres sur papier du Japon.

185 — *La Femme du Joueur*, d'après Millais.

Épreuve d'artiste sur papier du Japon.

185 — *Le Denier de la veuve*, d'après Millais.

Épreuve d'artiste sur papier du Japon.

186 — *Le Sentier perdu*, d'après F. Walker.

Épreuve d'artiste sur papier du Japon. Signée.

187 — *Les Bohémiens*, d'après Walker.

Epreuve d'artiste sur parchemin. Signée.

188 — « *Wayfarer* », d'après Walker.

Épreuve d'artiste sur papier Whatman.

WALTNER (Ch.)

189 — *Le Chasseur*, d'après Herrmannn-Léon.

Épreuve d'artiste sur papier du Japon.

190 — *La Musique*, d'après Delaplanche.

Épreuve d'artiste sur papier du Japon, tirée en rouge.

191 — Eaux-fortes diverses.

Dix pièces, la plupart sur papier du Japon.

192 — Les portefeuilles de la collection.

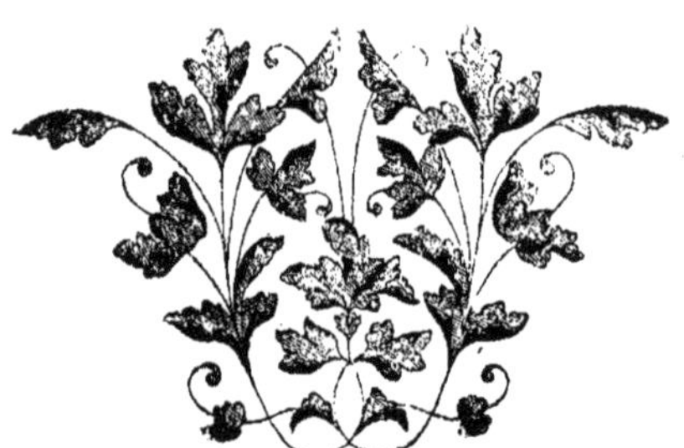

Vente du Lundi 28 Février 1876,

SALLE N° 8.

BEAUX

DESSINS ET AQUARELLES

DÉPENDANT DE LA

COLLECTION DE M. LE PRINCE S*** Soutzo

EXPOSITIONS :

PARTICULIÈRE	PUBLIQUE
Le Samedi 26 Février 1876.	Le Dimanche 27 Février 1876.

De une heure à cinq heures.

COMMISSAIRE-PRISEUR,	EXPERT,
Mᵉ CHARLES PILLET,	M. FÉRAL, Peintre,
10, rue de la Grange-Batelière.	54, rue du Faubourg-Montmartre

PARIS — 1876

CATALOGUE

DE BEAUX

DESSINS & AQUARELLES

ANCIENS & MODERNES

ÉCOLE ANCIENNE

Boucher, Fragonard, Greuze, Hobbema, Huet, Claude Lorrain, Prud'hon, Watteau, etc., etc.

ÉCOLE MODERNE

Bonington, Daumier, Fortuny, Gavarni, Ch. Jacque, Meissonier, Millet, T. Rousseau, Troyon, Simonetti, etc., etc.

DÉPENDANT DE LA

*Collection de M. le Prince S****

DONT LA VENTE AURA LIEU

HOTEL DROUOT, SALLE N° 8

Le Lundi 28 Février 1876,

A DEUX HEURES.

Par le ministère de Me CHARLES PILLET, Commissaire-Priseur, 10, rue de la Grange-Batelière;

Assisté de M. FÉRAL, Peintre-Expert, 54, rue du Faubourg-Montmartre.

Chez lesquels se trouve le présent Catalogue.

EXPOSITIONS { PARTICULIÈRE : le Samedi 26 Février 1876,
PUBLIQUE : le Dimanche 27 Février 1876.

DE UNE HEURE A CINQ HEURES.

CONDITIONS DE LA VENTE

Elle sera faite au comptant.

Les adjudicataires payeront *cinq pour cent* en sus des enchères.

Paris. — Imprimerie PILLET FILS AINÉ, rue des Grands-Augustins, 5.

DÉSIGNATION

AQUARELLES & DESSINS
MODERNES

ANDRIEUX

1 — La Sortie de la messe.

Aquarelle.

BARON (H.)

2 — Rêverie.

Aquarelle.

BEAUMONT (ED.)

3 — Le Garde-champêtre.

Petite aquarelle.

BELLANGÉ (HIPPOLYTE)

4 — Brawer payant sa consommation au cabaret.

Belle aquarelle signée et datée 1839.

BELLANGÉ (HIPPOLYTE)

(DEUX PENDANTS)

5 — 1° La Leçon de tambour.

2° Le Vieux mendiant.

Deux charmantes aquarelles signées et datées 1838.

BERTALL

6 — On annonce un gros bonnet.

Aquarelle.

BERTALL

7 — L'Amateur de tableaux.

Aquarelle.

BONNINGTON (RICHARD-PARKES)

8 — Un chevalier portant une cuirasse, accompagné de la châtelaine, se disposent à descendre l'escalier d'un château; deux jeunes pages les suivent.

Très-belle aquarelle, signée et datée 1819, avec dédicace de l'artiste : Dédié à son cher ami O'Connore, esquire.

BONNINGTON (RICHARD-PARKES)

9 — Vue prise à Windsor-Castle.

Superbe aquarelle, signée.

BONNINGTON (RICHARD-PARKES)

10 — Fruits sur une table couverte d'une nappe.

Pastel.

BOUDIN

11 — Canal hollandais.

Aquarelle.

BROWN (JOHN-LEVIS)

12 — Voiture et cavaliers faisant halte.

Aquarelle.

CHARLET (NICOLAS)

13 — Don Quichotte et Sancho Pansa au cabaret.

Sépia.

CHARLET (NICOLAS-TOUSSAINT)

14 — L'Écurie.

Aquarelle.

COTTIN

(DEUX PENDANTS)

15 — Coq et poules.

Estompe, rehaussé de blanc.

DAUMIER (H.)

16 — Deux Avocats.

Crayon noir et encre de Chine.

DAUMIER (H.)

17 — Les Hommes politiques.

A la plume.

18 — Les Juges.

Plume et encre de Chine.

19 — Les Juges.

Aquarelle.

20 — Les Plaideurs.

Aquarelle.

21 — Un Joueur de violon

Crayon noir et aquarelle.

22 — Un Tragédien.

Aquarelle.

23 — Le Coup de lorgnette.

Aquarelle.

24 — Don Quichotte et Sancho.

Crayon et encre de Chine.

DAUMIER

25 — Les Baigneurs.

Aquarelle.

26 — Le Gardeur de pourceaux.

Plume et encre de Chine.

DE COCK (CÉSAR)

27 — Saules et enfants au bord d'un cours d'eau.

Aquarelle.

DELACROIX (EUGÈNE)

28 — Etude de chats.

Mine de plomb. — Daté de 1843. — Vente après décès de l'artiste. — N° 508 du catalogue.

DETAILLE (ÉDOUARD)

29 — Les Cuirassiers.

Mine de plomb.

DUPRÉ (Jules)

30 — L'Abreuvoir.

Aquarelle.

FLERS (Camille)

31 — Le Moulin.

Crayon noir.

FORTUNY

32 — Femme italienne vêtue à la Ciociara.

Belle aquarelle provenant de la vente après décès de l'artiste — N° 139 du catalogue.

FRANCIA

33 — Mer houleuse avec bateaux à voiles.

Belle aquarelle digne du pinceau de Bonnington.

GAVARNI

34 — Jalouret, vous êtes un polissson!!!

Superbe aquarelle.

HARPIGNIES

35 — Sous bois.

Aquarelle.

HERVIER

36 — Quartier des Halles, rue de la Tonnellerie. La maison où est né Molière.

Aquarelle.

HERVIER

37 — Intérieur d'Eglise.

Aquarelle.

HUAS

DEUX PENDANTS.

38 — Enfant jouant à la toupie. — Enfant faisant des bulles de savon.

Sanguine et crayon noir.

ISABEY (EUGÈNE)

39 — Bateaux à voiles en pleine mer.

Dessin à l'essence.

JACQUE (CHARLES)

40 — Cour de ferme.

Au centre, une femme donne du grain à des poules.

Crayon noir. — Signé.

JACQUE (CHARLES)

41 — Troupeau de moutons sous la garde d'un berger.

Crayon noir. — Signé.

JACQUE (CHARLES)

42 — Moutons et berger dans un paysage.

Plume et encre de Chine.

LUMINAIS (ÉVARISTE)

43 — Piqueur occupé à seller son cheval.

Aquarelle.

MARCKE (EM. VAN)

44 — Pâturage et animaux au repos.

Très-beau dessin au crayon noir, rehaussé de blanc. — Signé

MARILHAT (PROSPER)

45 — Vue de Rhodes.

Beau dessin à la mine de plomb.

MEISSONIER (ERNEST).

46 — Le Départ des volontaires.

Mine de plomb et encre de Chine.

MEISSONIER

47 — Deux personnages du temps de Henri III.

Aquarelle.

MILLET (J.-F.)

48 — La Gardeuse d'oies.

Belle aquarelle rehaussée de blanc.

PILS

49 — La Distribution de vivres.

Aquarelle du tableau qui appartient au Musée du Luxembourg.

PILS

50 — La Vedette arabe.

Aquarelle.

PREZIOSI

51 — Femmes turques au marché.

Aquarelle.

RAFFET (E. FR.)

52 — Le Sergent-Major de la garde impériale.

Très-belle aquarelle provenant de la vente San Donato. — Signée et datée San Donato, juillet 1838.

REGNAULT (HENRI)

53 — **Intérieur d'une maison mauresque.**

Dessin à la plume.

ROUSSEAU (THÉODORE)

54 — **Vue prise à l'entrée des bois de Montlhéry.**

Crayon noir sur papier bleu, rehaussé de blanc à la gouache.

ROUSSEAU (THÉODORE)

55 — **Arbres et maisons à Batigny près Compiègne.**

Crayon noir, provenant de la vente après décès de l'artiste.

ROUSSEAU (THÉODORE)

56 — **Chemin dans la forêt de Fontainebleau.**

Provenant de la vente après décès de l'artiste.

ROUSSEAU (THÉODORE)

57 — **Les Bords de l'Oise.**

Fusain rehaussé de blanc. — Provient de la vente après décès de l'artiste.

SAUNIER (E.-F.)

58 — Vue de Champigny.

Aquarelle.

SCHEFFER (ARY)

59 — La Mère de famille.

Charmante aquarelle.

SIMONETTI

60 — La Bouteille du bon coin.

Dessin à la plume.

SIMONI (G.)

61 — Jeune fille turque debout.

Aquarelle.

TASSAERT (O.)

62 — Femme et enfant endormis sur des fagots.

Sanguine estompée.

TROYON (CONSTANTIN)

63 — Les Bûcherons.

Ils sont occupés à couper un arbre mort sur le bord d'un chemin.

Très-beau dessin au fusain et au pastel, retouché à l'huile dans es lumières.

TROYON (CONSTANTIN)

64 — Vaches à l'étable.

Fusain rehaussé de blanc. — Provenant de la vente après décès de l'artiste.

TROYON (CONSTANTIN)

65 — Bouquet d'arbres dans un paysage marécageux.

Crayon noir rehaussé de blanc.

VERNET (HORACE)

66 — Les Contes de la grand'mère.

Plume et encre de Chine.

VERNET (HORACE)

67 — Batterie grecque.

Episode de la Révolution grecque.

Sépia.

WILD (WILLIAM)

68 — Vintimille.

Belle aquarelle.

VOLLON

69 — Coq et poule.

Fusain lavé et gouaché.

ZAMACOÏS

70 — Conférence de prêtres espagnols.

Aquarelle.

ZICHY

71 — La Supplique.

Sépia.

ZIEM

72 — Le Port de Marseille.

Aquarelle.

AQUARELLES & DESSINS

ANCIENS

BOILLY (LOUIS)

73 — Deux jeunes filles debout.

A l'estompe rehaussée de blanc sur papier bleu.

BOL (FERDINAND)

74 — Une femme assise.

Encre de Chine et sépia.

BOUCHER (FRANÇOIS)

75 — Jeune femme étendue la tête appuyée sur son bras gauche.

Beau dessin à l'estompe et au crayon noir rehaussé de blanc, provenant de la vente Le Blond.

BOUCHER (FRANÇOIS)

76 — La Lecture.

Esquisse à l'huile sur papier.

BOUCHER (FRANÇOIS)

77 — Sultane à sa toilette.

Mine de plomb.

BREUGHEL (J., dit de velours)

78 — Cavaliers sur un chemin longeant un village.

Joli dessin à la plume ombré d'aquarelle.
Signé et daté 1616.

CHALLE (CHARLES)

79 — La Déclaration.

Beau dessin digne de Fragonard.
Crayon noir rehaussé de blanc.

CLAUDE GELLÉE (dit le Lorrain)

80 — Paysage coupé par une rivière. — Au premier plan, l'Ange et Tobie.

Beau dessin à la sépia provenant de la collection Gigoux.

CLAUDE GELLÉE (dit le Lorrain)

81 — Pêcheurs dans leur barque.

Beau dessin à l'encre de Chine provenant des collections Esdaile, Thomas Lawrence et Gigoux.

CONSTABLE (JEAN)

82 — Paysage aux environs de Londres.

Aquarelle signée.

DEMARNE (LOUIS)

83 — Route et moulin avec tourelle.

Aquarelle.

DE WIT

84 — Composition allégorique pour un plafond.

Aquarelle.
Signée.

FRAGONARD (JEAN-HONORÉ)

85 — L'Adoration des Mages.

Très-beau et vigoureux dessin à la sépia, d'après un tableau de Rubens provenant de la collection de M. F. Villot.

FRAGONARD (JEAN-HONORÉ)

86 — La Leçon de musique.

Beau dessin à la sépia.

FRAGONARD (JEAN-HONORÉ)

87 — Villa italienne avec bosquets et personnages.

Sanguine.

FRAGONARD (HONORÉ)

88 — Jeune fille debout.

Sépia.

GÉRICAULT (THÉODORE)

89 — Chevaux à l'écurie.

Belle aquarelle.

GÉRICAULT (THÉODORE)

90 — Halte à la porte du maréchal-ferrant.

Mine de plomb.

GRANET (F.-M.)

91 — Vue prise dans le parc de Versailles.

Belle aquarelle portant le monogramme du peintre.

92 — Le Lavoir du couvent.

Aquarelle signée.

GREUZE (J.-B.)

93 — La Comparaison.

Beau et vigoureux dessin à la sépia et à l'encre de Chine.

GREUZE (J.-B.)

94 — Enfant courant après sa mère.

Beau dessin à la sanguine. Etude pour le tableau de la Malédiction paternelle.

GROS (le baron A.-J.)

95 — Portrait de Chaptal.

Sur la droite de ce charmant petit dessin qui est d'une finesse remarquable, on lit de la main de l'artiste : Chaptal, ministre de l'Intérieur de la République française, 13 vendémiaire, an XII.

A la pierre noire et à la sanguine.

GUARDI (FRANCESCO)

96 — Construction en ruine au bord de la mer.

Plume et sépia.

HOBBEMA (MEINDERT)

97 — Le Moulin.

Superbe dessin d'une exécution large et vigoureuse; le trait la plume, ombré à l'encre de Chine.

HUBERT-ROBERT

98 — Arche monumentale avec escalier.

A droite, se trouve le groupe de Laocoon ; plusieurs figures animent cette composition.

Très-belle aquarelle signée en toutes lettres.

HUBERT-ROBERT

99 — Fontaine monumentale ; des femmes prennent de l'eau ou lavent du linge ; un homme fait désaltérer ses chevaux.

Aquarelle.

HUET (J.-B.)

(DEUX PENDANTS)

100 — Moutons au repos.

Charmantes aquarelles de la plus grande finesse, signées et datées 1777.

HUET (J.-B.)

101 — Bergers et leurs troupeaux traversant une rivière.

Belle aquarelle.

HUET (J.-B.)

102 — Le Jardin.

Belle aquarelle.

HUET (J.-B.)

DEUX PENDANTS

103 — Maison de villageois et arbres au bord d'un cours d'eau.

Estompe et crayon noir rehaussé de blanc.

LANTARA (S.-M.)

104 — Chute d'eau entre des rochers surmontés de constructions.

Beau dessin à la pierre noire.

LANTARA (SIMON-MATHURIN)

105 — Rivière avec constructions et rochers.

Effet de clair de lune à la pierre noire rehaussé de blanc.

LEMOINE

106 — Portrait de jeune homme.

Estompe et crayon noir signé et daté 1782.

MICHEL (GEORGES)

107 — Route avec charrette et villageois, traversant un village.

Aquarelle.

NATTIER (J.-M.)

108 — Portrait de jeune femme élégamment vêtue : robe blanche décolletée et écharpe bleue, retenue par une guirlande de fleurs.

Gracieux pastel.

OSTADE (ADRIEN)

109 — 1° Le Garçon cabaretier ;

2° Un fumeur.

Deux charmantes aquarelles de la finesse la plus remarquable.

OSTADE (ADRIEN)

110 — Le Batteur en grange.

Plume et encre de Chine.

OSTADE (ISAAC)

111 — Un homme accroupi broyant des couleurs.

Joli dessin à la sépia.

PATER

112 — La Salutation.

Sanguine.

PRUD'HON (PIERRE)

113 — L'Impératrice Joséphine debout dans un parc.

Très-beau dessin à l'estompe sur papier bleu, rehaussé de blanc, provenant de la vente de Boiffremont.

PRUD'HON (PIERRE)

114 — Il caresse avant de blesser.

Trait au crayon noir sur papier blanc

SAINT-AUBIN (GABRIEL)

115 — Leçon dans un laboratoire.

On lit de la main de l'artiste :
M. Buquet, 12 novembre 1777. — Mort en janvier 1780.
Spirituel dessin à la mine de plomb.

TAUNAY

(DEUX PENDANTS)

116 — La Main-chaude et le Colin-maillard.

Deux charmantes aquarelles de forme ronde, dignes des plus spirituelles compositions de Debucourt.

TIEPOLO (DOMINIQUE)

117 — Groupe d'amours voltigeant.

Plume et sépia.
Signé.

WATTEAU (J.-A.)

118 — Tête de Gille.

Beau et spirituel dessin, sanguine et crayon noir.

WATTEAU (J.-A.)

119 — Tête d'homme coiffé d'un tricorne.

Étude pour une des figures du tableau qui est au Musée du Louvre.

Estompe et sanguine.

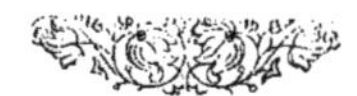

www.ingramcontent.com/pod-product-compliance
Ingram Content Group UK Ltd.
Pitfield, Milton Keynes, MK11 3LW, UK
UKHW021109270726
13993UKWH00006B/1995

9 782329 516011